BEI GRIN MACHT SICH IHR WISSEN BEZAHLT

Arnold Wohler

Das Einleitungskapitel zur "Phänomenologie des Geistes"

GRIN Verlag

Bibliografische Information der Deutschen Nationalbibliothek:

Die Deutsche Bibliothek verzeichnet diese Publikation in der Deutschen National-bibliografie; detaillierte bibliografische Daten sind im Internet über http://dnb.d-nb.de/ abrufbar.

Impressum:

Copyright © 1994 GRIN Verlag GmbH
Druck und Bindung: Books on Demand GmbH, Norderstedt Germany
ISBN: 978-3-640-55254-2

Dieses Buch bei GRIN:

http://www.grin.com/de/e-book/145606/das-einleitungskapitel-zur-phaenomenolo-gie-des-geistes

GRIN - Your knowledge has value

Der GRIN Verlag publiziert seit 1998 wissenschaftliche Arbeiten von Studenten, Hochschullehrern und anderen Akademikern als eBook und gedrucktes Buch. Die Verlagswebsite www.grin.com ist die ideale Plattform zur Veröffentlichung von Hausarbeiten, Abschlussarbeiten, wissenschaftlichen Aufsätzen, Dissertationen und Fachbüchern.

Besuchen Sie uns im Internet:

http://www.grin.com/

http://www.facebook.com/grincom

http://www.twitter.com/grin_com

Seminar (1994): Hegels Phänomenologie des Geistes Seminarleitung: Dr.
 Michael Gans

Referat: „Das Einleitungskapitel zur Phänomenologie des Geistes" ,
gehalten und schriftlich abgefasst von Arnold Wohler

Literatur:

G.W.F. Hegel, Phänomenologie des Geistes, Felix Meiner Verlag,
 Hamburg, 1988

Das Einleitungskapitel zur "Phänomenologie des Geistes"

Georg Wilhelm Friedrich Hegel stellt in diesem Kapitel die Idee der phänomeno-logischen Betrachtung des Bewusstseins in ihren Grundzügen vor. Phänomenologische Betrachtung überhaupt soll hier heißen: Einen Gegenstand, der in diesem Falle in Form des menschlichen Bewusstseins selbst gegeben ist, rein als ein Phänomen zu betrachten, wobei die eigene Wahrnehmung als ein die Erkenntnis leitendes Prinzip des Bewusstseins selbst erkannt und positiv, d.h. als ein der Wahrheitsfindung dienliches Prinzip, reflektiert erscheint.

Hegel problematisiert in einem ersten Schritt das Erkennen des Absoluten. Das Erkennen, vorgestellt als ein Medium oder Werkzeug, vermag die Wahrheit nicht in ihrer wahrhaften Gestalt zu erfassen, weil das Erkennen als ein solches das vermeintlich Erkannte gemäß seinen eigenen Bestimmungen verändert und gestaltet, so dass das Wahre schwerlich aus ihm hervorzugehen vermag. Auch die Überlegung, sich der List zu bedienen, sich über die Aufklärung der Wirkungsweise dieses Werkzeuges den Zugang zum Absoluten dennoch zu verschaffen, indem man nämlich die Kenntnis um die Wirkungsweise des Werkzeuges von dem Wissen dessen, was das Absolute sei, als etwas ihm nicht Zugehöriges anschließend wieder abzieht, führt Hegel als einen Trugschluss vor. Eine solche Subtraktion würde nur den ursprünglichen Zustand des Nichtwissens wieder herstellen.

In diesem Sinne schreibt Hegel: "... Es scheint zwar, dass diesem Übelstande durch die Kenntnis der Wirkungsweise des Werkzeugs abzuhelfen steht, denn sie macht es möglich, den Teil, welcher in der Vorstellung, die wir durch es vom Absoluten erhalten, dem Werkzeuge angehört, im Resultate abzuziehen, und so das Wahre rein zu erhalten. Allein, diese Verbesserung würde uns in der Tat nur dahin zurückbringen, wo wir vorher waren ...".[1]

---

[1] PhdG, S57/58

Dies veranlasst Hegel dazu, die Frage um das Vertrauen in die Wissenschaft aufzuwerfen, ob man besser ein Misstrauen ihr gegenüber hegen solle, anstatt ihr blindlinks zu vertrauen. Gleich im nächsten Schritt mutmaßt Hegel jedoch, dass eben diese Verwerfung der Wissenschaften ein Indiz der Furcht nicht dem Irrtum gegenüber, sondern sogar der Wahrheit selbst gegenüber sein könne. Dies irritiert in einem ersten Moment, jedoch führt die Vorstellung, überhaupt auf die Wissenschaften vollständig Verzicht zu leisten, sehr schnell zu dem Ergebnis, dass ohne sie der Begriff der Wahrheit gleichsam heimatlos werden würde und ohne die Wissenschaften der Erkenntnis vollends verloren gehen würde. In diesem Sinne stellt dieser erste Impuls, die Legitimität der Wissenschaften zu negieren, eine spontane Gegenreaktion des Bewusstseins dar, eine, wenn man so will, Vermeidungsstrategie des Bewusstseins, der Wahrheit ihrer selbst ins Auge blicken zu müssen. Kann die Verwerfung der Wissenschaften als solche die Wahrheit erst recht nicht herbeiführen, so wird es für das Bewusstsein und der Findung seiner Wahrheit gleichermaßen notwendig, die Wissenschaft als eine Erscheinung aus dem genannten Grunde, der das Erkennen betrifft, mit dem Ziel zu behandeln und zu hinterfragen, sie von diesem Scheine zu befreien. In diesem Sinne führt Hegel aus: "... Die Wissenschaft muß sich aber von diesem Scheine befreien; und sie kann dies nur dadurch, daß sie sich gegen ihn wendet. Denn sie kann ein Wissen, welches nicht wahrhaft ist, weder als eine gemeine Ansicht der Dinge nur verwerfen, und versichern, daß sie eine ganz andere Erkenntnis, und jenes Wissen für sie gar nichts ist; noch sich auf die Ahndung eines bessern in ihm selbst berufen ...".[2]

Das Prinzip der Notwendigkeit der Befreiung der Wissenschaften von dem Schein kann hier sicherlich in zwei Richtungen verstanden werden, die sich jedoch beim genaueren Hinsehen als identisch erweisen.

---

[2] PhdG, S. 60

3

Zum einen begründet diese Befreiung von dem Schein Hegels Vorstoß in die Phänomenologie und damit die Überwindung der bislang herrschenden transzendentalphilosophischen Prämisse; zum anderen beschreibt gerade diese Aufhebung der traditionellen Betrachtungsart die Verwandlung der Gestalt des Bewusstseins selbst, um der es Hegel im Sinne eines Phänomens des Geistes geht. Die Befreiung von dem Schein als eine notwendige Voraussetzung für die Findung der wahren Gestalt der Wahrheit ist also getragen von einer Einsicht in eine im Bann der Transzendentalphilosophie sich befindenden Wahrheit einerseits; zum anderen ist aber gerade dieses 'Aufgehen' dessen, was Wahrheit nicht sein kann, obgleich sie als solche proklamiert wird, ein Aufgehen des Bewusstseins selbst - dies im Sinne einer Verwandlung seiner Gestalt, die Hegel wohl notwendig an sich selbst wahrnahm und in diesem Sinne als ein Phänomen reflektierte.

Das Bewusstsein, das eben diese Erkenntnis leistet, dass eben jenes traditionelle Wissen der Wissenschaften ein Scheinwissen ist, hat sich einen Begriff von diesem Wissen gemacht, es verfügt somit über ein besseres Wissens, was die offene Konfrontation und Auseinandersetzung mit diesem erscheinenden Wissen herbeiführen muss. Die Einsicht in die Unwahrheit des erscheinenden Wissens bahnt so den Weg des Zweifels und der Verzweiflung, denn das Bewusstsein, das nunmehr jedes Wissen zu negieren gezwungen ist, geht in einen Zustand der Orientierungslosigkeit über. Mit ihr geht das Moment der Verzweiflung einher, da jede Form des Wissens verschwindet, sich wie eine Fata Morgana auflöst und den nach Wahrheit Dürstenden immer wieder in sein inzwischen längst ausgetrocknetes Ich zurückwirft.

Dieser Weg, den Hegel mit dem Begriff des Skeptizismus bezeichnet, hat seine Richtungstendenz in der Maxime, nur aus eigener Überzeugung zu handeln und zu denken und jegliche Autorität zu verneinen, mit dem Ziel, nur immer wieder zum Gleichen, nämlich zu sich selbst, zurückzukehren. In dieser gleichsam narzistischen Phase der Entfaltung des Bewusstseins bildet sich das Bewusstsein zur bzw. für die Wissenschaft aus. Das große Ziel der Gesamtentfaltung des Bewusstsein ist die wahre Gestalt der Wahrheit, die Identität von Begriff und Gegenstand. So Schreibt Hegel bezüglich des Weges des Skeptizismus: "... Dieser sich vollbringende Skeptizismus ist (...) nicht dasjenige, womit wohl der ernsthafte Eifer um Wahrheit und Wissenschaft sich für diese fertig gemacht und ausgerüstet zu haben wähnt (...) Die Reihe seiner Gestaltungen, welche das Bewusstsein auf diesem Wege durchläuft, ist vielmehr die ausführliche Geschichte der Bildung des Bewusstseins selbst zur Wissenschaft ...".[3]

Da aber das Bewusstsein der Begriff für es selbst ist, kann dies nur bedeuten, dass das Bewusstsein über die Gestalt, die es zu einem bestimmten Zeitpunkt innehat, hinausstrebt, um somit das Beschränkte wie eine abgestreifte Hülle, nämlich sich selbst als ein beschränktes Bewusstsein, hinter sich zu lassen, um auf diesem Wege die Gestalt einer höheren Ordnung zu erlangen. Das Bewusstsein strebt also über sich selbst als ein Beschränktes (aber auch Beschränkendes, nämlich die wahre Gestalt der Wahrheit Beschränkendes) hinaus.

Hierbei erfährt das Bewusstsein die Gewalt seiner selbst, nämlich sich als Negiertes und sich als Negierendes gleichermaßen. Das negierte Bewusstsein leistet Widerstand, erhebt es doch Anspruch auf seine ihm eigentümliche Wahrheit, die nur für es selbst gelten kann. Gleichzeitig strebt das Bewusstsein zu der wahren Gestalt der Wahrheit und d.h. zugleich: zu der wahren Gestalt seiner selbst.

---

[3] PhdG, S.61

„... Das Bewußtsein leidet also diese Gewalt, sich die beschränkte Befriedigung zu verderben, von ihm selbst. Bei dem Gefühle dieser Gewalt mag die Angst vor der Wahrheit wohl zurücktreten, und sich dasjenige, dessen Verlust droht, zu erhalten streben ...".[4]

Jedoch lässt die Gewalt der Vernunft bald die unwahre Gestalt des natürlichen Bewusstseins hinter sich zurück, so dass mit Hilfe ihrer nunmehr das Prüfen der Realität des Erkennens selbst vollzogen werden kann. Der mit dem Durchbruch der Vernunft endlich überwundene Skeptizismus hat sich nunmehr die Befähigung zur Wissenschaft errungen, die Verzweiflung des Bewusstseins hat ein Ende, weil die Wahrheit nunmehr doch als möglich und ihr Fürwahrhalten durch das Bewusstsein mit den notwendigen Kriterien ausgerüstet in Erscheinung treten.

Das methodische Prüfen der Realität des Wissens durch den Maßstab der Vernunft fällt hierbei selbst in das Bewusstsein hinein. In diesem Sinne ist hier das erscheinende Wissen vorgestellt als die bestimmte Seite des Beziehens eines Seins An sich auf ein Anderes, nämlich auf das Bewusstsein als die Vernunft. Das Sein außerhalb dieser Beziehung wird Wahrheit (oder: "Ding an sich") genannt, eine Bestimmung, die die Vernunft als ein Maßstab grundsätzlich vornimmt. Es ist somit die Wahrheit des erscheinenden Wissens der eigentliche Gegenstand für das Bewusstsein, es ist für das Bewusstsein das Bewusstsein selbst das Sein An sich. Das Wesen und der Maßstab fallen in das Bewusstsein. Die Wahrheit des Wissens offenbart sich somit als das An sich innerhalb seiner selbst, „... so daß, indem das Bewußtsein sich selbst prüft, uns auch von dieser Seite nur das reine Zusehen bleibt. Denn das Bewußtsein ist einerseits Bewußtsein des Gegenstandes, andererseits Bewußtsein seiner selbst; Bewußtsein dessen, was ihm das Wahre ist, und Bewußtsein seines Wissens davon. Indem beide für dasselbe sind, ist es selbst ihre Vergleichung; es wird für dasselbe, ob sein Wissen von dem Gegenstande entspricht oder nicht ...".[5]

---

[4] PhdG, S.63
[5] PhdG, S.65

Das Prüfen des erscheinenden Wissens stellt sich somit dar als das Vergleichen dieses Wissens mit dem Begriff des Wissens, über welchem das nunmehr verwandelte Bewusstsein verfügt bzw. als das Vergleichen dieses Wissens mit dem Begriff, über welchem das verwandelte Bewusstsein als ein Selbstbewusstsein im Sinne eines Selbstverständnisses verfügt. Es ist also letztendlich der Begriff, der den Maßstab des Prüfens hergibt.

Mit der Veränderung des Wissens geht notwendig eine Veränderung des Gegenstandes einher, der zuvor in dem Scheinwissen als aufgehoben galt. Auch ändert sich naturgemäß sich die Gestalt des Bewusstseins, da der nunmehr veränderte Gegenstand für ein Bewusstsein ist, der Gegenstand als ein Scheinwissen jedoch für ein Bewusstsein war, somit auch das Bewusstsein eine Gestalt innehat, die eben diesem Gegenstande des besseren Wissens entspricht, „... denn das vorhandene Wissen war wesentlich ein Wissen von dem Gegenstande; mit dem Wissen wird auch er ein anderer, denn er gehörte wesentlich diesem Wissen an ...".[6] Mit dem neuen Gegenstand tritt auch eine neue Gestalt des Bewusstseins auf, „... welcher etwas anderes das Wesen ist, als der vorhergehenden ...".[7]

Der Wandel des Gegenstandes als ein Wandel der Gestalt des Bewusstseins impliziert das Moment der Erfahrung, das dem Bewusstsein als ein diesem Prozess des Wandels unterworfenes zukommt. In diesem Sinne schreibt Hegel: „... (Die) dialektische Bewegung, welche das Bewußtsein an ihm selbst, sowohl an seinem Wissen, als seinem Gegenstande ausübt, in sofern ihm der neue wahre Gegenstand daraus entspringt, ist eigentlich dasjenige, was Erfahrung genannt wird ...".[8]

---

[6] PhdG, S.66
[7] PhdG, S.67
[8] PhdG, S. 66

Dieser neue, wahre Gegenstand weist notwendig die Zweideutigkeit auf, einerseits das An sich und andererseits das An sich für das Bewusstsein zu sein. Der wahre Gegenstand des nunmehr als wahr anerkannten Wissens lässt jedoch das An sich als einem Sein an sich verschwinden, „... er hört auf, das an sich zu sein, und wird ihm zu einem solchen, der nur für es das an sich ist; somit aber ist dann dies: das für es Sein dieses an sich, das Wahre, das heißt aber, dies ist das Wesen, oder sein Gegenstand. Dieser neue Gegenstand enthält die Nichtigkeit des ersten, er ist die über ihn gemachte Erfahrung ...“.[9]

Dieser Prozess der Verwandlung des Absoluten in die Gestalt des menschlichen Bewusstseins lässt die dahinter sich verbergende Bewegung des Bewusstseins als etwas (für das Bewusstsein) hervortreten, der selbst das Moment des An sich zukommen muss, weil eben sie es ist, die die einzelnen Gestalten des Geistes hervortreibt. In diesem Sinne schreibt Hegel: „... die Entstehung des neuen Gegenstandes, der dem Bewußtsein, ohne zu wissen, wie ihm geschieht, sich darbietet, ist es, was für uns (und meint Hegel sicherlich sich selbst und den Leser seiner PhdG) gleichsam hinter seinem Rücken vorgeht. Es kommt dadurch in seine Bewegung ein Moment des an sich, oder für uns Seins, welches nicht für das Bewußtsein, das in der Erfahrung selbst begriffen ist, sich darstellt; der Inhalt aber dessen, was uns entsteht, ist für es, und wir begreifen nur das Formelle desselben, oder sein reines Entstehen; für es ist dies Entstandene nur als Gegenstand, für uns zugleich als Bewegung und Werden ...“.[10]

Die Bewegung des Bewusstseins wird somit ein An sich für dem Phänomenologen, der das Bewusstsein sich zum Gegenstand seiner Reflexion (mit Hilfe seiner Gestalt des Bewusstseins) gewählt hat. Wie eben dies möglich wird, dass das Bewusstsein sich selbst als einen Gegenstand reflektiert, ist das Anliegen dieses HegeIschen Werkes, so dass der Weg dorthin „... selbst schon Wissenschaft und nach ihrem Inhalte hiermit Wissenschaft der Erfahrung des Bewusstseins ...“[11] ist.

---

[9] PhdG, S.66/67
[10] PhdG, S.67/68
[11] PhdG, S. 68